Los animales nos cuentan su vida

Animales sorprendentes

Élisabeth de Lambilly-Bresson

 **Gareth Stevens**
Publishing

El perezoso

Soy un perezoso.
Me paso el día en los árboles.
Me muevo muy, muy despacio.
Me muevo tan despacio
que podrías pensar
que camino dormido.

El pavo real

Soy un pavo real.
Soy el rey de las aves.
Cuando despliego la cola,
sus plumas parecen
un mullido abanico
cubierto de joyas.
Nunca canto.
¡Grito!

El shar-pei

Soy un shar-pei.
Soy un perro muy especial.
¡Mira cómo cuelga mi piel!
Podrías pensar
que me he puesto un abrigo
que me queda grande.

El camaleón

Soy un camaleón.
¡Puedo hacer un truco
muy especial!
Soy capaz de cambiar
el color de mi piel.
Así puedo ocultarme de
los animales
que me quieren devorar.
En este momento,
soy tan verde como una hoja.

El pangolín

Soy un pangolín.
Tengo la espalda
cubierta de escamas.
Por eso parezco
una piña.
¡Lo que más me gusta es comer
muchas hormigas crujientes!

El gato esfinge

Soy un gato esfinge.
Soy un gato sin pelo.
¡Parece que estoy desnudo!
Si me da frío,
me encantará acurrucarme
contigo bajo una manta.

El pez globo

Soy un pez globo.
Puedo volverme grande
o pequeño.
Cuando veo a un enemigo,
me pongo
redondo como un globo
y me lleno de púas
como un puercoespín.
¡Así a mis enemigos les costará
mucho tragarme!

Gareth Stevens Publishing's fax: 1-877-542-2529.

Library of Congress Cataloging-in-Publication Data

Lambilly-Bresson, Elisabeth de.
    [Unusual animals. Spanish]
    Animales sorprendentes / Elisabeth de Lambilly-Bresson. — North American ed.
       p. cm. — (Los animales nos cuentan su vida)
    ISBN-13: 978-0-8368-8108-0 (lib. bdg.)
    I. Title.
  QL49.L19418   2006
  590—dc22
                                     2006035552

This edition first published in 2007 by
Gareth Stevens Publishing

Translation: Gini Holland
Gareth Stevens editor: Gini Holland
Gareth Stevens art direction and design: Tammy West
Spanish translation: Tatiana Acosta and Guillermo Gutiérrez

This edition copyright © 2007 by Gareth Stevens, Inc. Original edition copyright
© 2002 by Mango Jeunesse Press. First published as *Les animinis: Surprenants!*
by Mango Jeunesse Press.

Printed in the United States of America

2 3 4 5 6 7 8 9 10 10 09 08